CRIPTOLOGÍA

CRIPTÓLOGOS PROFESIONALES

RACHAEL L. THOMAS

ediciones Lerner ◆ Mineápolis

T0018707

Traducción al español: copyright © 2023 por Lerner Publishing Group, Inc.
Título original: *Professional Cryptologists*
Texto: copyright © 2022 por Lerner Publishing Group, Inc.
La traducción al español fue realizada por Zab Translation.

Todos los derechos reservados. Protegido por las leyes internacionales de derecho de autor. Se prohíbe la reproducción, el almacenamiento en sistemas de recuperación de información y la transmisión de este libro, ya sea de manera total o parcial, por cualquier medio o procedimiento, ya sea electrónico, mecánico, de fotocopiado, de grabación o de otro tipo, sin la previa autorización por escrito de Lerner Publishing Group, Inc., exceptuando la inclusión de citas breves en una reseña con reconocimiento de la fuente.

ediciones Lerner
Una división de Lerner Publishing Group, Inc.
241 First Avenue North
Mineápolis, MN 55401, EE. UU.

Si desea averiguar acerca de niveles de lectura y para obtener más información, favor consultar este título en www.lernerbooks.com.

Fuente del texto del cuerpo principal: Aptifer Sans LT Pro.
Fuente proporcionada por Linotype.

Las imágenes de este libro cuentan con el permiso de:© DutchScenery/Getty Images, p. 3; © Library of Congress, pp. 4, 17; © Hulton Archive/Getty Images, p. 5; © metamorworks/Getty Images, pp. 6–7; © Anatolii Mazhora/Shutterstock Images, pp. 8–9; © PaoloGaetano/Getty Images, p. 10; © HansFree/Shutterstock Images, p. 11; © Wikimedia Commons, p. 12; © Culture Club/Getty Images, p. 13; © Szekeres Szabolcs/Shutterstock Images, p. 14; © Nastasic/Getty Images, p. 15; © Christopher Wood/Shutterstock Images, p. 16; © National Archives and Records Administration, pp. 18–19; © Lenscap Photography/Shutterstock Images, p. 20; © National Security Agency, p. 21; © Science & Society Picture Library/Getty Images, p. 22; © Evening Standard/Getty Images, p. 23; © Rawpixel.com/Shutterstock Images, pp. 24–25; © peshkov/Getty Images, p. 26; © Greg Mathieson/Mai/Getty Images, p. 27; © gorodenkoff/Getty Images, p. 28. Elementos de diseño : © AF-studio/Getty Images; © 4khz/Getty Images; © non-exclusive/Getty Images

Portada: © Flickr/Manuel J. Prieto

Library of Congress Cataloging-in-Publication Data

Names: Thomas, Rachael L., author.
Title: Criptólogos profesionales / Rachael L. Thomas.
Other titles: Professional cryptologists. Spanish.
Description: Minneapolis, MN : ediciones Lerner, [2023] | Series: Criptología. Alternator books | Translation of : professional cryptologists. | Audience: Ages 8–12 | Audience: Grades 4–6 | Summary: "Read about the historical code makers and breakers who protected their countries by coding and decoding messages for their governments, and the modern cryptologists who keep emails, texts, and online purchases secure. Now in Spanish!"— Provided by publisher.
Identifiers: LCCN 2022011593 (print) | LCCN 2022011594 (ebook) | ISBN 9781728477244 (library binding) | ISBN 9781728478036 (paperback) | ISBN 9781728479736 (ebook)
Subjects: LCSH: Cryptographers—Juvenile literature. | Cryptography—Juvenile literature.
Classification: LCC QA268 .T47518 2023 (print) | LCC QA268 (ebook) | DDC 652/.8—dc23/eng20220609

Fabricado en los Estados Unidos de América
1-52360-50717-3/30/2022

CONTENIDO

Introducción   4

Capítulo 1 ¿Qué es la criptología?   6

Capítulo 2 Criptólogos a través de los tiempos   10

Capítulo 3 Cómo la tecnología cambió la criptología   16

Capítulo 4 Los criptólogos en la era digital   22

Conclusión   29

¡Descífralo! El desplazamiento de César   29

Glosario   30

Más información   31

Índice   32

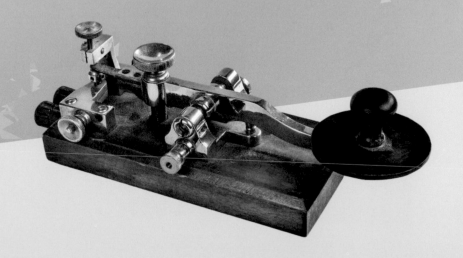

INTRODUCCIÓN

Corría el año 1917, y la Primera Guerra Mundial (1914-1918) hacía estragos en Europa. Los criptólogos británicos estudiaron a fondo los mensajes interceptados de los soldados alemanes. Los criptólogos trabajaron juntos para descifrar el sistema de códigos alemán.

En enero, los británicos interceptaron un telegrama en su camino a México. Venía del Secretario de Asuntos Exteriores alemán Arthur Zimmermann. Después de mucho esfuerzo, los criptólogos británicos lograron descifrar el mensaje. El secreto que revelaba era asombroso. ¡Zimmermann se ofrecía a ayudar a México a invadir el sur de los Estados Unidos!

Hasta entonces, los Estados Unidos no se habían involucrado en la Primera Guerra Mundial. Pero el conocimiento de la oferta de Alemania a México ayudó a convencer a los Estados Unidos de que se unieran a la lucha. Los criptólogos habían cambiado el curso de la historia.

Arthur Zimmermann

4

Los criptólogos británicos que interceptaron el telegrama Zimmerman trabajaban en el Antiguo edificio del Almirantazgo en Londres, Inglaterra.

¿QUÉ ES LA CRIPTOLOGÍA?

La criptología es la ciencia de la comunicación secreta. Los llamados criptólogos han estudiado y practicado la criptología durante miles de años.

Hay dos tipos de criptólogos: criptógrafos y criptoanalistas. Los criptógrafos codifican o cifran un mensaje para ocultar su significado. Los criptoanalistas decodifican o descifran el significado oculto de un mensaje.

La criptología fue una vez una profesión misteriosa. Los descifradores de códigos trabajaban en secreto, a menudo para los gobiernos. Sin embargo, la invención de la computadora cambió la criptología para siempre. Los criptólogos modernos mantienen seguros los correos electrónicos, los mensajes de texto y las compras en línea. En la era digital, la criptología profesional se convirtió en una carrera importante y popular.

La criptología moderna suele implicar la informática y las matemáticas.

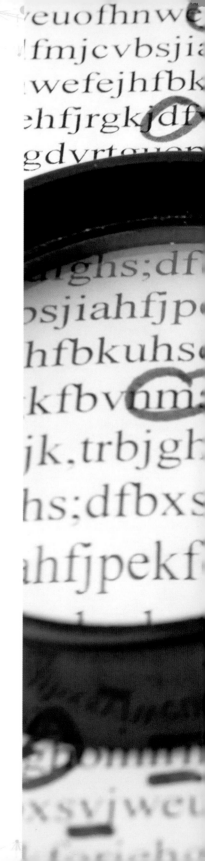

CIFRADOS, CÓDIGOS Y CLAVES

Los cifrados, los códigos y las claves son los componentes básicos de la criptología. Los cifrados cambian las letras individuales para hacer que las palabras sean ilegibles. En un cifrado, la palabra "animal" podría convertirse en "cpkocn" o "gcengx".

Un código afecta a palabras o frases enteras. Por ejemplo, los pilotos de aviones a veces dicen las palabras en clave "Roger that". Esto significa "información recibida".

El trabajo del criptógrafo es muy exigente. Un código o cifrado debe ser complejo, o será descifrado. Pero también debe ser posible que los aliados lo descifren fácilmente. Por ello, los criptólogos crean claves para ayudar a traducir códigos o cifrados específicos.

Una clave puede tener muchas formas. Algunas son libros. ¡Otras son artilugios especiales! Sea cual sea su forma, las claves se utilizan para decodificar el significado oculto de un mensaje.

Un mensaje oculto se llama criptograma. Un criptograma puede realizarse mediante un código, un cifrado o una combinación de ambos.

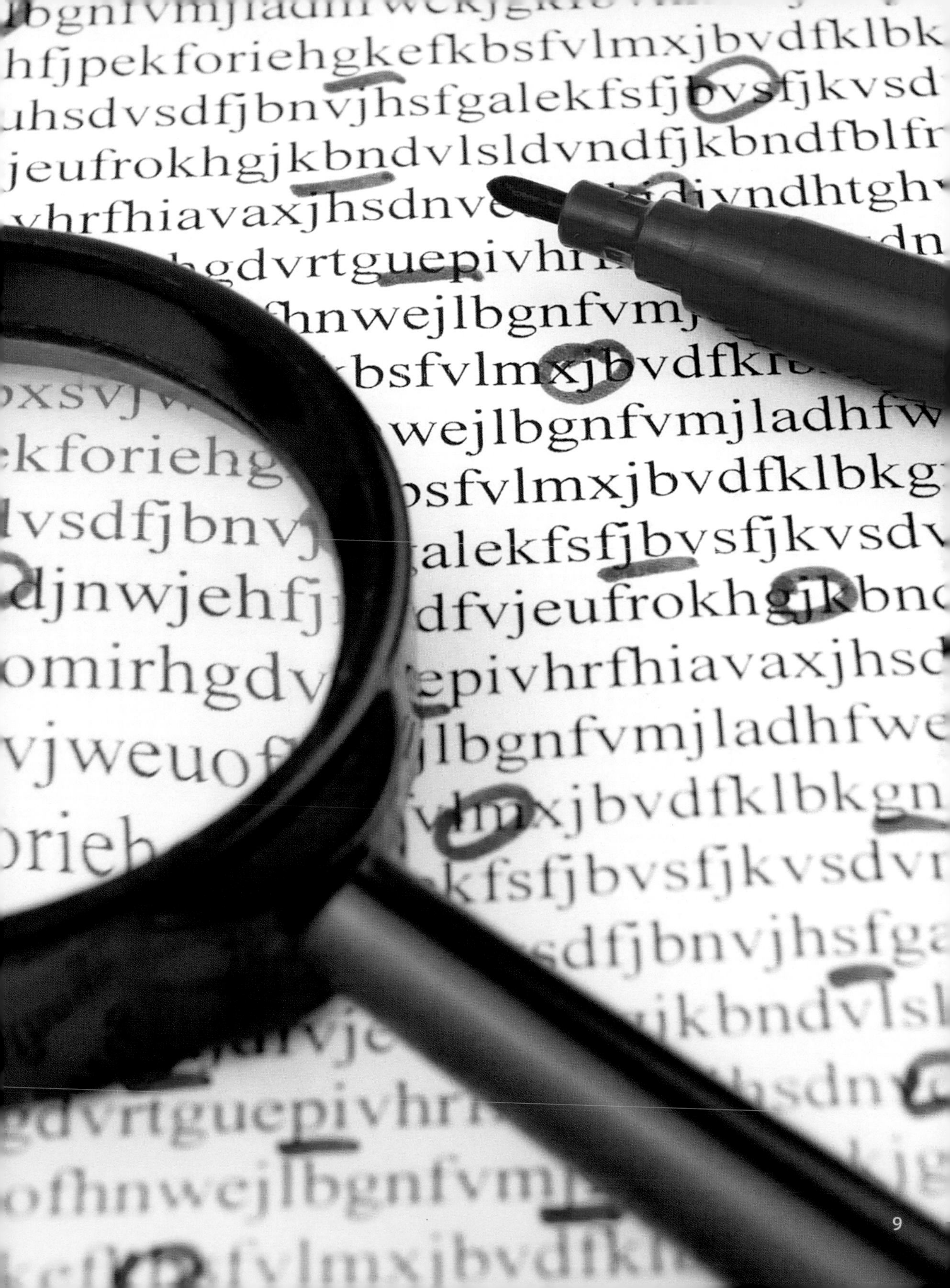

CRIPTÓLOGOS A TRAVÉS DE LOS TIEMPOS

La criptología evolucionó a partir del lenguaje escrito. La invención de la escritura permitió a los humanos enviar mensajes a larga distancia. Pero estos mensajes podían caer fácilmente en las manos equivocadas. La necesidad de enviar mensajes secretos dio a la criptología un propósito oficial.

El líder romano Julio César fue uno de los primeros en poner en práctica la criptología. Durante una campaña militar en los años 50 a.C., Julio César quiso compartir noticias importantes con sus ejércitos y generales. Así que utilizó un cifrado de sustitución para codificar sus mensajes.

El sistema de cifrado del César cambiaba cada letra de una palabra por la letra que venía tres posiciones más adelante en el alfabeto.

Julio César

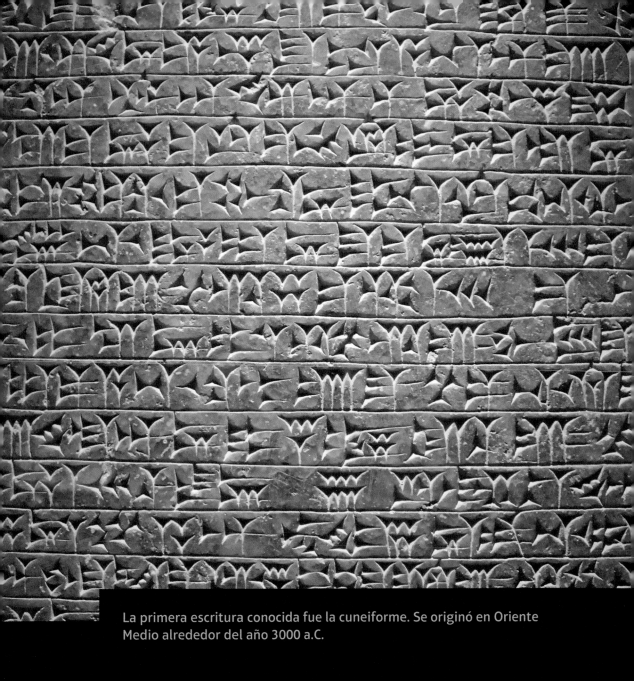

La primera escritura conocida fue la cuneiforme. Se originó en Oriente Medio alrededor del año 3000 a.C.

Así, las letras *a*, *b* y *c* se convirtieron en *d*, *e* y *f*, y así sucesivamente. Este sencillo cifrado se conoció como el desplazamiento del César. Hoy en día, los cifrados de sustitución son una parte fundamental de la criptología

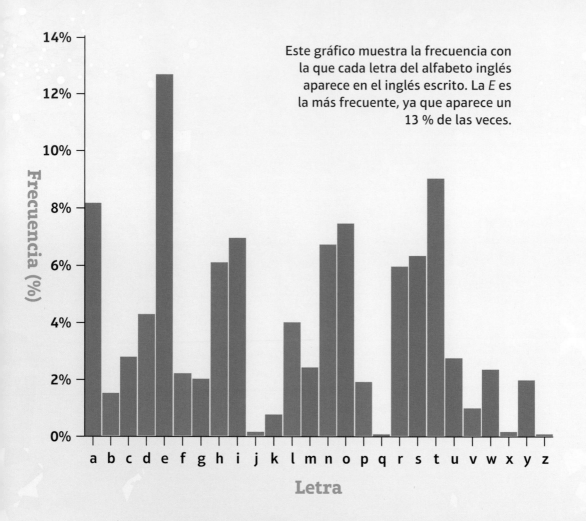

Este gráfico muestra la frecuencia con la que cada letra del alfabeto inglés aparece en el inglés escrito. La *E* es la más frecuente, ya que aparece un 13 % de las veces.

CTIM destacado - Matemáticas

Todos los idiomas tienen reglas y patrones. El análisis de frecuencias utiliza la estadística para detectar estos patrones en los criptogramas. Por ejemplo, la palabra de tres letras más común en inglés es "the". Observando el grupo de tres letras más frecuente en un texto cifrado, se puede identificar el cifrado de la palabra "the". Sabiendo esto, puedes insertar las letras *t*, *h* y *e* en otras partes del criptograma.

Al-Kindi trabajó en un instituto de investigación creado por el califa al-Ma'mun (*en el centro, con una espada*). Allí, al-Kindi desencriptó textos de otras naciones.

En la Edad Media, los cifrados se habían convertido en un método habitual para ocultar mensajes secretos. Pero no siempre eran seguros. Los criptoanalistas estaban desarrollando formas de resolver los cifrados utilizando la lingüística y la estadística.

Alrededor del año 850, el filósofo árabe al-Kindi publicó el primer libro académico del mundo sobre criptología. En el libro, al-Kindi identificó el análisis de frecuencias como una herramienta para resolver cifrados. El análisis de frecuencias hizo que los cifrados fueran más fáciles de resolver.

En el siglo XVIII, cientos de cartas pasaban cada día por la cámara negra de Viena.

En el siglo XVIII, la demanda de criptólogos en Europa era cada vez mayor. Algunos trabajaban en departamentos de criptología del gobierno llamados "cámaras negras". La cámara negra europea más famosa fue la de Viena, en Austria.

Esta oficina interceptaba todo el correo dirigido a las embajadas extranjeras. El personal intentaba descubrir información diplomática sensible. Abrían las cartas, escribían copias exactas y las devolvían al correo. Los criptólogos estudiaban las cartas copiadas en busca de posibles criptogramas que descifrar. Las cámaras negras vendían los secretos que descubrían a otros países europeos.

El papel del criptólogo estaba cambiando. Pero los códigos y los cifrados del siglo XVIII no eran muy diferentes a los que se utilizaban antes en la historia. En los siglos posteriores, las nuevas tecnologías cambiaron la criptología.

El canciller austriaco Wenzel Anton von Kaunitz obtuvo información de la cámara negra de Viena.

CAPÍTULO 3

CÓMO LA TECNOLOGÍA CAMBIÓ LA CRIPTOLOGÍA

En 1844, el telégrafo eléctrico cambió la comunicación y la criptología. Los cables telegráficos enviaban señales eléctricas a largas distancias de forma casi instantánea. La gente creaba mensajes pulsando un interruptor en el telégrafo. Los golpecitos enviaban corrientes eléctricas a través de los cables. La longitud y el patrón de los golpecitos representaban letras.

Este lenguaje se llamó código Morse. El código Morse era un lenguaje público y no un secreto. Por primera vez, la criptología era la clave de la comunicación cotidiana entre los ciudadanos.

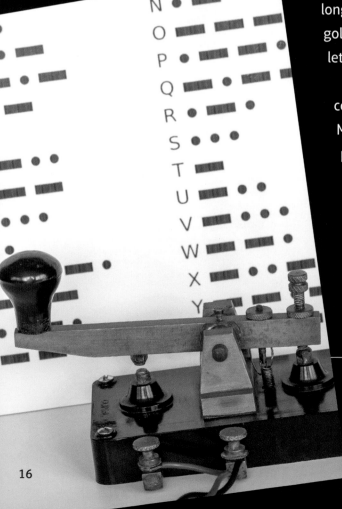

Un telégrafo eléctrico frente a una clave de código Morse

LA CRIPTOLOGÍA EN EL PUNTO DE MIRA

Samuel Morse fue coinventor del telégrafo e inventor del código Morse. El código asigna un conjunto de puntos y guiones a cada letra del alfabeto inglés. Por ejemplo, la letra *a* es un punto seguido de un guión. Para enviar un mensaje por telegrama, la gente tecleaba las palabras combinando guiones y puntos, o pulsaciones largas y cortas.

Samuel Morse

WESTERN UNION TELEGRAM

WESTERN UNION

NEWCOMB CARLTON, PRESIDENT

elegram, subject to the terms
hich are hereby agreed to

via Galveston

LEGATION

CO CITY

13401	8501	115	3528	416	17214	649
22	21560	10247	11518	23677	13605	349
5	11311	10392	10371	0302	21290	5161
04	11269	18276	18101	0317	0228	17694
00	19452	21589	67893	5569	13918	8958
	4458	5905	17166	13851	4458	17149
24	6929	14991	7382	15857	67893	14218
3	67893	5870	5454	16102	15217	22801
88	7446	23638	18222	6719	14331	1502
2	22096	21604	4797	9497	22464	20855
40	22260	5905	13347	20420	39689	13732
	18507	52262	1340	22049	13339	11265
14	4178	6992	8784	7632	7357	6926

18

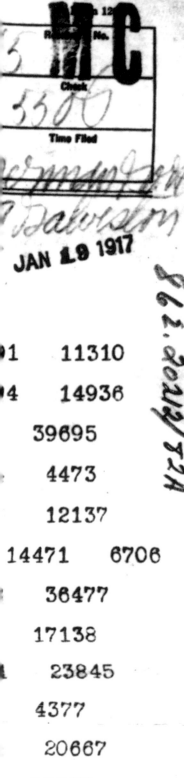

En 1914, la Primera Guerra Mundial estalló en Europa. En aquella época, la gente utilizaba el telégrafo para enviar mensajes rápidamente. Pero los telegramas podían ser interceptados y el código Morse era de dominio público. Por eso, algunos países utilizaban códigos y cifrados para encriptar aún más los telegramas.

Los criptólogos de la época de la guerra crearon unas claves llamadas libros de códigos para descifrar estos códigos y cifrados ultrasecretos. Los libros se entregaron a los aliados de confianza. Las naciones rivales buscaban constantemente los libros de códigos del enemigo para descifrar las comunicaciones secretas.

En 1914, la marina británica encontró un libro de códigos alemán en una caja fuerte hundida. Tras estudiar el libro durante meses, los criptólogos británicos lo utilizaron para decodificar los mensajes secretos de Alemania en tiempos de guerra.

El mensaje más famoso fue el telegrama de Zimmermann. Mostraba cadenas de números en lugar de palabras. Los criptólogos británicos utilizaron el libro de códigos robado para desencriptar el telegrama.

El telegrama de Zimmermann

Las máquinas Enigma tenían 158 trillones de configuraciones posibles del codificador.

Durante la Segunda Guerra Mundial (1939-1945), los países desarrollaron sus propios códigos secretos o sistemas de cifrado. El sistema de cifrado alemán se transmitía mediante unos dispositivos llamados máquinas Enigma. Las máquinas Enigma utilizaban discos codificadores para crear cifrados complejos. Los discos codificadores giraban constantemente. Esto alteraba el sistema de cifrado incluso mientras se escribía el mensaje.

Para enviar un mensaje, el remitente y el destinatario sincronizaban primero sus máquinas. El remitente escribía un mensaje, que su propia máquina Enigma descifraba y enviaba al destinatario por radio. El destinatario escribía el texto cifrado en su máquina Enigma para ser descifrado. A medianoche, los operadores reiniciaban los discos codificadores de sus máquinas Enigma.

LA CRIPTOLOGÍA EN EL PUNTO DE MIRA

Para descifrar Enigma se necesitó mucha gente. Un grupo importante era un equipo de tres matemáticos polacos. Este equipo analizó el sistema de cifrado Enigma y construyó una réplica de la máquina Enigma. En 1939, compartieron lo que habían descubierto con Gran Bretaña y Francia. Dos años más tarde, Enigma fue descifrado con éxito.

Marian Rejewski fue uno de los matemáticos polacos que ayudaron a descifrar Enigma.

LOS CRIPTÓLOGOS
EN LA ERA DIGITAL

Las computadoras e Internet volvieron a cambiar el papel de los criptólogos. La primera computadora personal se desarrolló en 1974. Con su invención, los desarrolladores tuvieron que plantearse cómo mantener segura la información digital.

Ese año, la Oficina Nacional de Normas (NBS, por sus siglas en inglés) pidió a los criptólogos que desarrollaran un algoritmo que pudiera utilizarse para encriptar y proteger datos. La empresa International Business Machines (IBM) presentó un algoritmo llamado Lucifer. Este algoritmo se convirtió en el Estándar de Encriptación de Datos (DES, por sus siglas en inglés). El DES era el estándar para la protección de datos en todo el mundo.

IBM lanzó su computadora Serie 1 en 1976, un año antes de que se aprobara el DES.

LA CRIPTOLOGÍA EN EL PUNTO DE MIRA

Horst Feistel, empleado de IBM, diseñó el algoritmo Lucifer, que posteriormente se convirtió en el DES. Feistel fue uno de los primeros criptólogos en investigar el diseño y la teoría de los cifrados en bloque. Los cifrados en bloque fueron una característica destacada del diseño del algoritmo DES.

El algoritmo Lucifer fue diseñado originalmente para el Lloyds Bank de Londres.

En ese momento, el DES era el algoritmo criptográfico más potente disponible. Protegía la información digital ultrasecreta de gobiernos, bancos y empresas.

Los algoritmos criptográficos como el DES utilizan códigos matemáticos para encriptar y desencriptar datos. El secreto de esta codificación es la clave. Los algoritmos como el DES crean miles de millones de claves posibles. La probabilidad de encontrar la clave correcta es muy baja. Así, la información se vuelve casi imposible de desencriptar.

En el año 2000, el DES fue sustituido por el Sistema de Encriptación Avanzado o (AES, por sus siglas en inglés). El algoritmo AES aumentó la longitud de la clave de encriptación. Esto creó aún más opciones de claves posibles y reforzó la encriptación.

A medida que las computadoras se vuelven más potentes, los algoritmos criptográficos deben reforzarse y actualizarse.

Un estudio estima que cada 39 segundos se produce un ataque de piratas informáticos en algún lugar del mundo.

Con Internet surgieron nuevos retos para los criptólogos. La ciberdelincuencia es un área del derecho en desarrollo. Todos los días, los piratas informáticos intentan penetrar en las redes seguras de Internet. A veces, roban información privada. Las organizaciones como la Agencia de Seguridad Nacional (NSA) cuentan ahora con departamentos de ciberseguridad para vigilar y prevenir la actividad delictiva en línea. La NSA contrata a criptólogos para reforzar las defensas de encriptación contra los piratas informáticos.

CTIM destacado – Tecnología

La encriptación de datos digitales es similar a otras formas de criptografía y criptoanálisis. Cuando se envía un mensaje mediante una computadora, el texto se encripta y se convierte en texto cifrado. Los datos del mensaje encriptado viajan entonces a otra computadora, donde deben ser desencriptados. Los dispositivos utilizan claves digitales en forma de complejos algoritmos para desencriptar los mensajes.

La sede de la NSA en
Fort Meade, Maryland

Los criptólogos militares tienen muchas funciones, entre ellas descifrar mensajes escritos en otros idiomas.

CONCLUSIÓN

El papel del criptólogo se ha transformado. Los criptólogos ya no se limitan a crear y descifrar códigos. También trabajan para asegurar la información de miles de millones de personas.

Sin embargo, algunas partes del trabajo siguen siendo las mismas. El ejército estadounidense sigue contratando a criptólogos profesionales para crear códigos y cifrados para una comunicación segura. Los criptólogos también examinan los mensajes secretos para mantenernos a salvo de las amenazas.

Hoy en día, la criptología es más popular que nunca. Muchas grandes universidades ofrecen cursos de estudios criptológicos. En la era de la información digital, los códigos y los cifrados seguirán estando presentes en nuestra vida cotidiana . . . ¡ya sea que los veamos o no!

¡Descífralo! El desplazamiento de César

¡Utiliza el desplazamiento de César para crear tus propios mensajes cifrados!

A	B	C	D	E	F	G	H	I	J	K	L	M	N	O	P	Q	R	S	T	U	V	W	X	Y	Z
D	E	F	G	H	I	J	K	L	M	N	O	P	Q	R	S	T	U	V	W	X	Y	Z	A	B	C

S	E	N	D		H	E	L	P
V	H	Q	G		K	H	O	S

29

GLOSARIO

algoritmo: conjunto de pasos utilizados para resolver un problema matemático o completar una operación informática

ciberdelincuencia: actividad delictiva en la que se utiliza una computadora para acceder, enviar o modificar datos de forma ilegal

cifrado en bloque: forma de encriptar un texto en la que se aplica un algoritmo a bloques de datos en lugar de a bits individuales

cifrar: ocultar el significado de un mensaje mediante un cifrado

clave: la herramienta o recurso que ayuda a una persona a decodificar o descifrar un mensaje oculto

codificar: ocultar el significado de un mensaje mediante un código

datos: información en formato digital

decodificar: revelar el significado de un mensaje codificado

descifrar: revelar el significado de un mensaje cifrado

desencriptar: encontrar el significado oculto de un mensaje

diplomático: relativo a la labor de negociación entre diferentes naciones

embajada: el edificio donde vive y trabaja un embajador

encriptar: alterar un mensaje para ocultar su significado. Una vez encriptado, el mensaje oculto se denomina encriptación. El proceso de encriptar un mensaje también se llama encriptación.

estadística: tipo de matemática que se ocupa de la recopilación y el análisis de datos

instantáneo: que ocurre rápidamente

interceptar: detener algo antes de que llegue a algún lugar. Algo que se haya detenido de esta manera ha sido interceptado.

pirata informático: persona que accede ilegalmente a un sistema informático para robar información o causar daños

receptor: persona que recibe algo

réplica: copia exacta o cercana de algo

MÁS INFORMACIÓN

Bletchley Park Facts for Kids
https://kids.kiddle.co/Bletchley_Park

Central Intelligence Agency: Spy Kids—Break the Code
https://www.cia.gov/spy-kids/

Daigneau, Jean. *Code Cracking for Kids: Secret Communications Throughout History, with 21 Codes and Ciphers.* Chicago: Chicago Review Press, 2020.

Peterson, David J. *Create Your Own Secret Language: Invent Codes, Ciphers, Hidden Messages, and More: A Beginner's Guide.* Nueva York: Odd Dot, 2020.

Schwartz, Ella. *Can You Crack the Code?* Nueva York: Bloomsbury, 2019.

Thomas, Rachael L. *Códigos y cifrados clásicos.* Mineápolis: ediciones Lerner, 2023.

ÍNDICE

Agencia de Seguridad Nacional (NSA), 26–27
Alemania, 4, 19–20
algoritmo Lucifer, 22–23
algoritmos criptográficos, 24
al-Kindi, 13
al-Ma'mun, 13
análisis de frecuencia, 12–13

cámaras negras, 14–15
César, Julio, 10
ciberdelincuencia, 26
cifrado en bloque, 23
cifrado por sustitución, 10–11, 29
claves, 8, 16, 19, 24, 26
Código Morse, 16–17, 19
computadoras, 6, 22, 24, 26
criptoanalistas, 6, 13, 26
criptógrafos, 6, 8, 26
criptogramas, 8, 12, 15
cuneiforme, 11

Desplazamiento de César, 11, 29

encriptación de datos, 22, 24, 26
Estados Unidos, 4, 22, 29
estándar de encriptación de datos (DES), 22–24
estudios criptológicos, 6, 13, 23, 29

Feistel, Horst, 23
Francia, 21

Gran Bretaña, 4–5, 19, 21, 23
International Business Machines (IBM), 22–23

libros de códigos, 19

máquinas Enigma, 20–21
Maryland, 27
México, 4
Morse, Samuel, 17

Oficina Nacional de Normas (NBS), 22
Oriente Medio, 11

Primera Guerra Mundial, 4, 19
Proyecto de desplazamiento de César, 29

Rejewski, Marian, 21

Segunda Guerra Mundial, 20
Sistema de cifrado Enigma, 20–21
Sistema de encriptación avanzada (AES), 24

telégrafos, 16–17, 19
telegrama de Zimmermann, 19

Viena, Austria, 14–15
von Kaunitz, Wenzel Anton, 15

Zimmermann, Arthur, 4